DE LA

QUESTION D'ORIENT

ET DU

TRAITÉ DE LONDRES

DU 15 JUILLET 1840.

Par le Gal Bon DE RICHEMONT.

2 septembre 18

PARIS.
IMPRIMERIE DE FAIN ET THUNOT,
RUE RACINE, 28, PRÈS DE L'ODÉON.

1840.

DE LA

QUESTION D'ORIENT

ET DU

TRAITÉ DE LONDRES

DU 15 JUILLET 1840.

DE LA

QUESTION D'ORIENT

ET DU

TRAITÉ DE LONDRES

DU 15 JUILLET 1840.

PAR LE G[AL] B[ON] DE RICHEMONT.

---

2 septembre 1840.

PARIS.
IMPRIMERIE DE FAIN ET THUNOT,
RUE RACINE, 28, PRÈS DE L'ODÉON.

1840.

DE LA

QUESTION D'ORIENT

ET DU

TRAITÉ DE LONDRES

DU 15 JUILLET 1840.

Il y a une douzaine d'années qu'un mémoire lithographié ayant pour titre : *De la situation politique de l'Europe et des intérêts de la France*, fut jeté dans le public pour éveiller son attention sur cette grande question d'Orient qui vient de prendre un caractère si menaçant pour le repos du monde, depuis la coalition des quatre puissances qui se sont chargées de sa solution. Ce mémoire eut alors un grand retentissement, tant en France qu'à l'étranger, parce qu'il embrassait d'un coup d'œil juste et impartial tous les intérêts européens, et qu'il déduisait, de leur opposition ou de leur concordance avec ceux de la France, la direction que cette puissance devait donner à sa politique extérieure, pour reprendre le rang qu'elle avait perdu. Plus tard, il acquit un degré d'importance inespéré, par l'accueil extraordinaire qu'il reçut du gouvernement du roi.

Le conseil, entraîné par la force irrésistible de la raison et de la vérité, adopta franchement un projet qui lui paraissait également favorable aux intérêts d'état et de dynastie, et dont les résultats, aussi utiles que glorieux, devaient inévitablement faire refluer sur le prince l'affection et la reconnaissance de la nation tout entière, car ce qu'elle a le plus à cœur c'est le soin de son honneur et de sa gloire. Un des ministres fit donc appeler l'auteur et lui confia que le cabinet entrait sérieusement dans sa politique; que déjà certaines mesures avaient été prises et des instructions données. Il l'engagea à faire distribuer ses mémoires aux deux chambres, afin de les préparer et de les disposer à prêter au gouvernement le concours dont il avait besoin.

Cependant, les négociations ouvertes à Saint-Pétersbourg avaient été couronnées d'un succès complet. L'empereur Nicolas avait été tellement subjugué par l'évidence des intérêts communs de la France et de la Russie, relativement à l'Angleterre, tellement flatté des chances brillantes ouvertes à son ambition pour l'accomplissement de ses vues personnelles, qu'il avait tout approuvé, tout accepté. La limite du Rhin était rendue à la France.

Ce traité, à peine connu de quelques personnages politiques en France, n'est ignoré d'aucun des cabinets d'Europe, d'aucun des diplomates étrangers. L'illustre ambassadeur qui l'avait négocié est venu lui-même faire une visite presque officielle à l'auteur, et le remercier, au nom du pays, du service éminent qu'il lui avait rendu. — Ce témoignage d'estime et de considération est la seule récompense qu'il ait jamais reçue de son dévouement.

On sait que l'Angleterre, si vigilante lorsqu'il s'agit de ses intérêts, si astucieuse pour surprendre un secret, et si peu scrupuleuse dans le choix de ses moyens d'exécution, parvint à briser cette alliance redoutable en concourant au renversement du ministère Martignac qui l'avait fondée. Le nouveau chef du cabinet, non moins dévoué à la politique britannique qu'aux projets aventureux d'un prince égaré par les vertiges de l'omnipotence royale, osa tenter un coup d'État qui fit éclater la révolution de juillet, et précipita dans le même abîme le ministère Polignac et la monarchie de 1815. Avec elle croula l'alliance russe et française. Alliance la mieux assortie qui puisse jamais exister entre deux États, la mieux conçue, la plus sincère, la plus solide, parce qu'elle repose sur la meilleure base de l'union des peuples : savoir, la communauté des intérêts, la réciprocité des bénéfices et la garantie d'une sécurité et d'une défense mutuelle.

Cette alliance, contractée pour l'avenir en vue des rapports permanents de convenance et d'utilité commune résultant de la position géographique et politique des deux nations, avait pour objet immédiat l'occurrence d'un événement dès longtemps jugé inévitable et dont les circonstances du moment pouvaient hâter l'accomplissement. Cet événement est celui qu'on doit s'attendre à voir se dérouler avec fracas et d'autant plus prochainement que quatre grandes puissances, également bienveillantes, viennent de se coaliser pour en prévenir l'explosion.

La France est restée en dehors des combinaisons européennes, soit par l'effet d'une exclusion préméditée, soit par le refus spontané d'accéder au système qui était devenu l'objet de la négociation. Sans chercher à supputer le degré de probabilité que comporte chacune des deux hypothèses et sans vouloir entrer dans l'appréciation des reproches et des justifications échangés de part et d'autre, on ne peut se soustraire à la conséquence rigoureuse de la double alternative. Ainsi, ou il y a outrage de la part de la quadruple alliance; ou il y a lésion des intérêts français dans la résolution qu'elle a adoptée. C'est donc des nécessités enfermées dans cette conclusion impérieuse que la France doit déduire les motifs de sa détermination et la règle de sa conduite ultérieure.

Le traité de Londres est la manifestation officielle d'une vérité affligeante : c'est qu'il n'y a plus en Europe d'indépendance réelle pour aucun état. Aujourd'hui la Turquie, demain la France, peut-être ! un peuple, un souverain n'est plus libre de diriger son gouvernement intérieur, ses affaires de famille, comme il lui semble le plus opportun et le plus conforme à ses besoins. Il faut qu'il prenne l'avis ou les ordres des étrangers, amis ou ennemis. Un tel peuple, un tel prince, n'a pas garantie de vie pour vingt-quatre heures. Qu'on ne dise pas que dans l'espèce il n'y a pas lieu à l'application du principe; que c'est dans l'intérêt particulier de la Turquie et sur son invitation que les quatre grandes puissances sont intervenues; que cette intervention bienveillante a d'ailleurs, pour objet, le maintien de l'équilibre européen, la conservation de la paix continentale et le repos du monde. Mensonge, déception ! l'intervention est au contraire la seule mesure politique qui ait pour conséquence nécessaire de compromettre les trois grands intérêts dont elle s'attribue la garde et le soin.

Comment la paix générale pouvait-elle être troublée par un arrangement amiable entre le sultan et le vice-roi d'Égypte ? N'est-ce pas un acte de souveraineté appliquée à la haute administration intérieure de l'empire et qui ne concernait que les deux intéressés, sans porter la plus légère atteinte aux rapports internationaux et aux droits des neutres? Quel danger pouvait-il résulter pour la sécurité des états voisins, et à plus forte raison pour la tranquillité de l'Europe, d'une transaction qui n'apportait aucun changement à la position relative et aux forces proportionnelles du sultan à l'égard des deux empereurs d'Autriche et de Russie?

On conçoit la convenance et l'utilité d'une alliance défensive pour la sécurité réciproque de faibles états menacés par un voisin puissant et ambitieux. On conçoit que les confédérés lui demandent compte des armements secrets, des préparatifs suspects, ou des actes diplomatiques qui peuvent leur donner de l'inquiétude; mais interdire à un gouvernement inoffensif, dont personne n'a rien à craindre, les transactions que commande sa faiblesse ou que conseillent ses véritables intérêts, c'est abuser de la force pour perpétuer son impuissance et préparer les événements qui doivent le livrer à leur discrétion.

Certes, les bonnes raisons ne manquent jamais pour déguiser les mauvais desseins, mais il faut un grand fonds de confiance et de bonhomie pour croire à la sincérité et au dévouement de quatre puissances qui viennent, non pas vous offrir leur secours, car elles vous reconnaîtraient au moins le droit de le refuser, mais vous signifier despotiquement que leurs flottes et leurs armées se chargent de ramener à l'obéissance vos sujets révoltés, parce qu'elles ont à cœur la conservation de votre empire et le maintien de son intégrité. Comment le sultan ne s'est-il pas rappelé que trois de ces mêmes puissances étaient jadis intervenues, à trois reprises différentes et toujours avec les mêmes sentiments de bienveillance, dans les démêlés intérieurs de la Pologne, l'ancienne alliée de la Turquie; et qu'aujourd'hui, cette pauvre Pologne n'existe plus, tandis que chacun des protecteurs en possède un lambeau ! — Les lois qui régissent le monde ne sont point changées. Au moral comme au physique, les mêmes causes produisent encore les mêmes effets!

Faisons abstraction de la pensée secrète qui

a dirigé la quadruple alliance, et discutons le motif qu'elle avoue, le but généreux qu'elle se propose, c'est-à-dire le maintien de l'intégrité de l'empire.

En quoi donc un arrangement amiable et spontané du Grand Seigneur avec son vassal est-il en opposition avec le principe conservateur que vous prétendez défendre? La constitution de l'empire turc n'a-t-elle pas, de tous temps, admis l'existence d'un certain nombre de grands fiefs régis héréditairement ou sous des conditions déterminées, à la charge d'un tribut annuel proportionné à leur importance, et de l'entretien d'une force armée soumise aux ordres du suzerain, pour la protection intérieure et pour la défense extérieure de l'État? N'est-ce pas à ce titre que sont encore possédés les royaumes de Fez et de Maroc, les régences de Tunis et de Tripoli, comme autrefois celle d'Alger? l'Égypte n'était-elle pas tenue par les Mameloucks? Smyrne et une partie de l'Ionie, par la famille des Carra-Osman-Ouglou? l'Albanie par Ali-Pacha? Les Arabes, les Druses, les Kurdes, n'avaient-ils pas leurs imams, leurs cheiks, leurs émirs, leurs khans? Combien d'ayans, ou seigneurs d'un ordre inférieur, ne possèdent-ils pas de grands domaines, des districts entiers, des villes importantes, sous la suzeraineté directe de la Porte? — Ce n'est pas la possession de ces différents royaumes, états, provinces ou districts, à titre de fiefs ou domaines inféodés à certaines familles, qui a détruit l'intégrité de l'empire. C'est la conquête de tout le littoral de la mer Noire, depuis l'embouchure du Volga jusqu'à celle du Danube; c'est la possession de la Krimée et de la Bessarabie; c'est la séparation de la Grèce par l'intervention européenne; c'est la domination exercée sur la Moldavie et la Valachie, à titre de protectorat, par l'un des confédérés, qui ne reconnaît d'autre suzeraineté, d'autre autorité que la sienne, et dont les armées ont, plus d'une fois, menacé Constantinople.

Si, en effet, les quatre coalisés ont sincèrement en vue la conservation de l'empire Ottoman, comment réclament-ils la destruction de la seule puissance qui soit en état de le maintenir et de le défendre? Qu'on suppose Méhémet-Ali dépouillé ou seulement relégué en Égypte, et les deux Turquies d'Europe et d'Asie sont, par ce seul fait, livrées à la désorganisation, à l'anarchie, et, par suite, à l'usurpation du premier ambitieux.

C'est, au reste, se donner un soin superflu que de recourir à une discussion sérieuse et raisonnée pour faire apprécier le motif et le but de la quadruple alliance. Il n'est pas un seul état sur le globe, il n'est pas un seul homme de sens en Europe, pour qui il ne soit évident qu'elle ne s'est formée que pour mieux assurer l'événement qu'elle prétend prévenir. On lui doit cette justice de reconnaître que de tous les expédients qu'elle pouvait imaginer, celui qui secondait le mieux ses vues est sans contredit celui qu'elle a choisi.—Donc, sa prudence a dû pourvoir à toutes les chances de l'éventualité prévue. — Donc, un traité secret doit avoir réglé les prétentions respectives, déterminé les compensations, et distribué les lots. S'il n'en était pas ainsi, l'alliance serait absurde, car elle agirait contre son but. Si, au contraire, le but avoué est réel et l'intention sincère, ce n'est point contre Méhémet-Ali qu'elle devait être dirigée.

Cherchons dans l'appréciation des intérêts si

différents des quatre puissances confédérées, la politique et les vues qui appartiennent à chacune d'elles.

La Russie apparaît la première avec tout l'ascendant que lui donne sa puissance, et avec l'influence de protection ou de rivalité menaçante qu'elle exerce sur ses deux voisins : la Prusse et l'Autriche. Les projets ambitieux qu'on peut lui attribuer ne sont pas le produit d'une inspiration accidentelle, excitée par certaines circonstances favorables, ou par l'état d'impuissance et de dissolution où est tombé l'empire ottoman. Ils sont la conséquence d'un système fixe, arrêté, immuable, dont l'origine remonte jusqu'à la conquête de Constantinople par les Turcs, en 1453. Les empereurs de Russie se considèrent comme les héritiers légitimes et réguliers de l'empire grec, depuis le mariage de la princesse Sophie, nièce et héritière du dernier des Constantin, avec Jean Wazilowitz, grand-duc de Moscovie.

C'est ce prince qui, le premier, a pris le titre de czar et arboré l'écusson impérial de Constantinople. L'aigle à double tête, emblème d'une double domination sur l'Orient et l'Occident, est devenu le symbole d'une politique d'avenir qui n'a jamais varié et qui semble toucher au but qu'elle s'efforce d'atteindre depuis plus de trois cents ans.

L'occasion est devenue si belle et si favorable pour la réalisation des projets de la Russie, qu'il serait déraisonnable d'admettre qu'elle n'eût pas le courage de la mettre à profit. Mais fidèle aux traditions de sa diplomatie, la plus habile et la plus déliée de toutes celles de l'Europe, elle n'a pas voulu brusquer le dénouement par une entreprise d'éclat. Elle a, comme de coutume, affecté la modération et le désintéressement, formes étudiées de sa politique, au moyen desquelles sa domination s'insinue et s'infiltre, pour ainsi dire, en attendant que les événements qu'elle a su préparer lui fournissent l'occasion de faire intervenir la force pour sanctionner le triomphe de la ruse.

Toutefois, dans la prévision d'une disposition hostile de la part d'une puissance maritime, sa rivale jalouse, et du concours d'une autre puissance redoutable qui pouvait se laisser entraîner par l'ascendant d'une alliance despotique, elle n'avait négligé aucune des précautions commandées par la prudence dans l'hypothèse où elle se trouverait obligée de recourir à la voie d'expropriation par force ouverte.

Craignant, en effet, de se voir inquiétée dans la Baltique par l'Angleterre qui pouvait venir menacer Cronstadt et Pétersbourg, et chercher à raviver l'insurrection polonaise pour lui susciter de graves embarras pendant que ses armées seraient occupées en Orient, elle s'était entendue avec le Danemark et la Suède pour fermer aux Anglais les Dardanelles de la Baltique, c'est-à-dire le Sund et le grand Belt.

Les communications de l'empereur Nicolas avec Copenhague et Stockholm n'ont pu échapper à l'attention des politiques, particulièrement sa visite personnelle au roi Bernadotte. N'est-il pas à présumer qu'il est allé s'assurer de son dévouement et de sa coopération, au besoin, en lui offrant sa garantie pour la succession de son fils Oskar au trône de Suède, en dépit de l'intérêt porté à l'héritier de Gustave-Adolphe IV? Pour preuve de sa sincérité, l'empereur a donné une de ses filles au duc de Leuchtenberg, beau-frère du prince Oskar. Quel autre motif politique raisonnable aurait pu déterminer une telle alliance? — L'empereur de toutes les Russies, choisir pour gendre *le fils d'un simple gentilhomme français* (1)!

La situation critique de la Turquie pouvant, d'un moment à l'autre, ouvrir une chance favorable à l'intervention, toutes les mesures étaient également prises depuis longtemps pour le cas d'une invasion de vive force. Une bonne armée bien organisée, dont le duc de Raguse fait connaître la composition, la force et la distribution, était cantonnée dans la Krimée et dans la Bessarabie, et maintenue en disponibilité immédiate.

La revue de Borodino a prouvé à l'Europe que la Russie, malgré la guerre du Caucase, malgré l'expédition de Kiwa, avait d'autres

---

(1) « Le projet de fermer la Baltique n'est pas une conception » chimérique. Ce projet, avec les détails qu'il comporte, a, » dans le temps, été fourni à l'empereur Napoléon, dans le » but de créer et d'exercer en toute sécurité dans cette mer » intérieure, de concert avec la Russie, une marine militaire » puissante pour protéger une descente en Angleterre, concur- » remment avec les escadres du Helder, de l'Escaut, des ports » de France et de la flottille de Boulogne. »

forces à sa disposition pour appuyer ses prétentions. La réunion d'une armée qu'on a portée à 150 mille hommes n'était pas un simple camp de plaisance et d'instruction. Ce n'était pas seulement pour réveiller les sentiments d'honneur et d'orgueil national que l'empereur avait lui-même inauguré le monument élevé à la bravoure et au dévouement de ses armées. —Voilà des soldats bien préparés et bien électrisés pour la guerre sainte que le triomphe de la religion et la gloire de l'empire peuvent imposer à leur piété fanatique et à leur courage sauvage !

Dans l'état de faiblesse et d'impuissance où se trouve aujourd'hui la Turquie, on peut affirmer que sa conquête dépend uniquement de la volonté ou du caprice de la Russie, même en dépit de l'Angleterre et de la France coalisées. Qui oserait nier qu'une armée de 150 mille hommes ne puisse s'avancer sans obstacle et avec rapidité des bords du Pruth sur Andrinople, et là, se partager en deux corps, dont l'un, de 25 mille hommes, irait s'emparer des Dardanelles, s'y fortifier et en défendre le passage, tandis que l'autre, de

125 mille hommes, marcherait directement sur Constantinople, et détacherait 25 mille hommes pour occuper le Bosphore, s'il était nécessaire. Que pourraient faire toutes les escadres réunies de France et d'Angleterre pour empêcher l'exécution d'un pareil plan? Tenteraient-elles de forcer le détroit? et si elles avaient franchi les Dardanelles et le Bosphore, comment sortiraient-elles de la Propontide et du Pont-Euxin? L'escadre russe interviendrait plus tard (car elle n'aurait pas l'imprudence de se commettre avec les flottes combinées) pour approvisionner l'armée de vivres et de munitions et pour agir dans la sphère de sa spécialité.

L'alliance de la France avec l'Angleterre était donc au moins impuissante, si elle n'avait pour objet que le salut de Constantinople et de la Turquie d'Europe. — Nous apprécierons en son lieu le mérite de cette alliance sous le point de vue des intérêts propres à chacune des deux nations.

Il n'y a qu'une seule puissance, l'Autriche, qui soit en position d'arrêter l'armée Russe, parce qu'elle menace le flanc et les derrières da sa ligne d'invasion. Sans doute, il serait de son intérêt de contenir la Russie dans les limites qui circonscrivent son empire; car, quelle que soit l'extension de territoire qu'elle puisse obtenir pour son compte dans les dépouilles de la Turquie, son lot ne sera jamais proportionné à celui de son dangereux voisin. L'inégalité relative de force, de puissance et de position ne fera que s'accroître à son détriment, et la mobilité des choses humaines peut amener tels événements qui pourraient menacer son avenir des plus graves périls.

L'Autriche connaît très-bien sa position, non-seulement à l'égard de la Russie, mais aussi à l'égard de l'Allemagne, qu'un sentiment de nationalité et d'union tend à rapprocher toujours davantage de la Prusse, sa rivale naturelle, dont le souverain est devenu le point de mire de l'unité germanique; unité déjà préparée par l'association des douanes allemandes, sous l'apparence de ne favoriser que les seuls intérêts du commerce et de l'industrie.

L'Autriche n'est qu'une agglomération d'états, tous différents d'origine, de mœurs, de religion, qui ne sont liés que par les bienfaits d'une administration douce et paternelle, mais dont la diversité favorise l'intrigue et l'influence étrangère. — La susceptibilité des Hongrois, les meilleurs soldats de l'empire, commande une grande réserve et des ménagements. — L'Italie est travaillée par un esprit de révolution qui épouvante. — La population slave pèse d'un poids au moins égal à celui de la population allemande, et le soin qu'apporte le gouvernement à maintenir entre elles une égale distribution de faveurs et de priviléges a fait mettre en délibération si le Slave ne serait pas préféré à l'Allemand, comme la langue officielle de la chancellerie. — La banque et le commerce ont appelé à Vienne et répandu sur la surface de l'empire un assez grand nombre de Grecs pour éveiller la méfiance et peut être l'inquiétude du gouvernement, si la bonne intelligence qui a régné jusqu'à ce jour entre l'Autriche et la Russie venait à être troublée par quelque incident fâcheux. — On sait que le dévouement des Grecs au chef suprême de leur religion ne connaît ni bornes ni mesures.

De cette complication d'embarras devait dériver un système politique approprié aux nécessités de la situation. C'est celui que l'Autriche a toujours suivi et dans lequel sa constance a persévéré.

Il consiste à conserver ce qu'elle possède sans ambition d'obtenir davantage; et à se l'assurer en évitant, avec un soin extrême, de provoquer ou de favoriser toute mesure administrative ou politique, toute commotion intérieure ou extérieure, tout mouvement quelconque capable de rompre ou d'ébranler l'équilibre si fragile de l'Europe et de l'empire. Essentiellement stationnaire, elle a horreur de toute innovation, de tous progrès, mais elle s'étudie à compenser l'immobilité qu'elle impose par le bien-être de ses sujets.

Cependant, sa modération n'est point à l'épreuve de toutes les nécessités. Témoins les trois partages de la Pologne dans lesquels les intérêts d'état ont commandé le sacrifice de sa probité. Placée dans les mêmes conditions, relativement à la Turquie, elle devait rester fidèle à ses précédents en se résignant à partager une proie qu'elle ne pouvait ni défendre ni abandonner tout entière à la convoitise d'un voisin déjà trop puissant. Cette transaction a dû s'opérer sous la double influence de la Prusse et de la Russie entre lesquelles elle est étroitement pressée, et qui agissent sur sa détermination avec tout l'ascendant d'une même volonté et d'une même impulsion.

La Prusse est en effet dans la dépendance géographique de la Russie. Toute la partie septentrionale du royaume, depuis le Niémen jusqu'à la Vistule, est enclavée dans l'empire. Un simple mouvement de flanc, de Varsovie à Dantzig, en assure immédiatement la conquête; et l'armée qui l'occuperait serait coupée et prisonnière, si ce mouvement se combinait avec une attaque directe. Tout le pays compris entre la Vistule et l'Oder tomberait nécessairement, car il ne présente aucune autre position défensive.

La Prusse, telle impatiente qu'on puisse la supposer de la domination moscovite, ne se hasarderait pas à compromettre son existence par une velléité d'indépendance. Son propre intérêt l'enchaîne à la Russie, son rôle est de lui rester fidèle. A cette nécessité politique se joignent des considérations de famille qui agissent dans le même sens et qui seront toujours écoutées, parce qu'elles s'accordent avec les intérêts d'état.

Les rapports de dépendance réciproque et par conséquent de condescendance mutuelle, qui réunissent les trois puissances continentales dans une même communauté de pensée et de volonté, ne permettent pas de supposer qu'il eût été si facile et qu'il soit encore possible de détacher l'Autriche et la Prusse d'une alliance où se trouvent engagés des intérêts trop compliqués pour espérer de les désunir ou de les satisfaire par des concessions acceptables. Ce qui demande à être expliqué, c'est que cette alliance qui doit avoir précédé les négociations du baron de Brunow n'ait pas été suivie de l'exécution immédiate des projets concertés. Car aucune force matérielle ne pouvait s'y opposer efficacement, tant de la part des Turcs que de la part de l'Angleterre ou de toute autre puissance maritime engagée dans sa querelle.

La prudence habituelle de la Russie nous autorise à présumer que cette puissance, qui par le traité d'Unkiar-Skelessi s'est attribué le rôle généreux de protecteur du sultan et de l'empire, n'a pas osé intervenir ouvertement sans un motif plausible, et qu'elle n'a pas trouvé de meilleur et de plus sûr moyen de faire naître les événements qui constituent le *casus fœderis*, que d'associer l'Angleterre à l'alliance commune. Sous l'appât d'ouvrir une chance favorable à la réalisation de ses vues sur l'Égypte et la Syrie, elle aurait eu le talent de se donner une garantie contre toute entreprise hostile dans la Baltique et de faire servir, du même coup, les prétentions de sa rivale à l'accomplissement de ses propres desseins.

Qui ne connaît les causes vivaces de rivalité et d'inimitié qui divisent l'Angleterre et la Russie? Qui peut croire à la sincérité d'une alliance entre deux puissances qui ont de mutuelles appréhensions l'une contre l'autre, qui redoutent de se trouver en contact ou seulement de se rapprocher, et qui, toutes les deux, et dans des vues de domination exclusive, convoitent les dépouilles d'un empire en ruines qu'elles feignent de vouloir protéger parce que chacune cherche à priver l'autre de la part qu'elle désire s'attribuer. Quelles que soient les conventions souscrites, quelles que soient les combinaisons concertées dans un but et dans un intérêt en apparence commun, elles manqueront toujours de franchise et n'inspireront qu'une confiance équivoque et soupçonneuse aux deux intéressés. Elles ne seront sincères qu'à l'égard d'un tiers qu'on redoute et qu'on veut évincer.

Dans cette lutte diplomatique qu'on devrait peut être, à bon droit, qualifier de déception mutuelle, l'Angleterre ne parviendra jamais à détourner la Russie de la voie dans laquelle elle est entrée depuis que le mariage de la princesse Sophie avec Jean Bazilowitz lui a apporté des droits légitimes à la succession du dernier des Constantin. Elle restera fidèle à sa politique et aux projets qu'elle nourrit depuis trois siècles. Elle atteindra son but en dépit de toute l'Europe, parce qu'elle en a la puissance; soit au moyen de ses flottes si la mer est libre et l'occasion propice; soit au moyen de ses armées, si des escadres ennemies avaient franchi les Dardanelles et menaçaient le Bosphore; soit en combinant les opérations simultanées ou successives des forces de terre et de mer, selon l'oportunité ou l'exigence des temps et des circonstances. La possession de Constantinople est devenue une nécessité pour la Russie. Ses établissements de Krimée resteront sans importance, ses vaisseaux sans utilité, tant que les portes de la mer Noire ne lui seront point ouvertes. Toutes les provinces méridionales, les plus belles et les plus fertiles de l'empire, ne peuvent être vivifiées que par le commerce, et point de commerce sans débouché. Les versants du Caucase, les côtes septentrionales du Pont-Euxin, le Cuban, la Krimée, la Bessarabie, et tout l'intérieur des terres jusques vers les sources des fleuves qui affluent dans la mer d'Azof, dans la mer Noire, ou dans le Danube, c'est-à-dire presque la moitié de l'empire, sont matériellement intéressés à l'accomplissement final de ces grands projets séculaires qui ont pour eux l'arrêt irrévocable du Destin. La prospérité de l'empire et le développement de la puissance maritime de la Russie doivent en être les résultats.

Il était difficile de se rendre compte de la condescendance gratuite de la France à servir certains intérêts auxquels on ne peut reconnaître d'autres communauté avec les siens que celle qu'ils auraient empruntée à la nécessité de son alliance.

Ces intérêts sont ceux de l'Angleterre. Il ne lui était pas indifférent comme à nous que l'Égypte fût soumise à Méhémet-Ali ou à Mahmoud, parce qu'elle voulait, à toute force, s'assurer à travers le pays une communication rapide avec la mer Rouge, et, de là, sur la côte Malabar, ou dans le golfe Persique, selon les besoins, et pour la protection de son commerce ou de sa domination dans l'Inde. Un pareil établissement eût été une prise de possession provisoire, en attendant du temps et des circonstances l'occasion d'une occupation définitive; car une ligne de chemin de fer, un canal ou une communication quelconque ne pouvait être garantie à l'Angleterre qu'autant que ses deux extrémités et le cours de son trajet auraient été protégés par des postes solides à l'abri de surprise et d'attaque de vive force; c'est-à-dire, qu'autant qu'elle aurait été possédée en toute puissance et souveraineté. Le refus obstiné de Méhémet-Ali a excité le courroux de l'Angleterre qui a su exploiter le ressentiment du sultan. De là, la sanglante collision de Nézib. L'issue n'en pouvait être douteuse. Elle avait été prévue et annoncée par le maréchal Marmont. Elle était une conséquence nécessaire de la composition et de la situation respectives des deux armées.

La mort du sultan Mahmoud, qui semblait devoir compliquer les embarras, était venue ouvrir une voie inespérée de transaction et d'arrangement. Elle délivrait Méhémet-Ali d'un ennemi implacable. Elle lui donnait sécurité pour la possession et l'hérédité des états dont il serait légalement investi par la toute-puissance, et sous la suzeraineté du nouveau sultan. Elle lui permettait d'user avec modération de la victoire qui avait livré tout l'empire à sa discrétion, et d'éviter ainsi de donner lieu au *casus fœderis* qui aurait rendu légitime l'intervention armée de la Russie.

Le *statu quo*, c'est-à-dire le maintien de l'empire Ottoman, objet apparent de la diplomatie européenne, pouvait donc recevoir un caractère officiel de fixité, compatible avec la tranquillité de l'Europe et le repos du monde, s'il y avait eu unité de vues et sincérité dans les dispositions pacifiques des grandes puissances.

Un pareil accord était malheureusement improbable. D'abord, les Anglais étaient décidément repoussés de l'Égypte et de la Syrie. Ils ne pouvaient plus conserver l'espérance d'une communication par le désert ou par l'Euphrate, avec la mer Rouge ou avec le golfe Persique; et leurs griefs contre le vice-roi s'imprégnaient encore de toute l'amertume d'une inimitié personnelle, au souvenir de leur expulsion d'Égypte par Méhémet-Ali lui-même.

On devait donc s'attendre qu'ils emploieraient tous les ressorts de leur habile politique pour restreindre les prétentions du vainqueur et pour rendre les négociations difficiles, Heureux, s'ils n'avaient pas le talent de faire naître quelque occasion de surprendre ou d'incendier les flottes réunies de Constantinople et d'Alexandrie!

D'un autre côté, il eût été étrange que le vice-roi d'Égypte ne profitât pas de ses avantages pour exiger, comme la seule frontière qui donnât sécurité à ses états, les limites déjà consacrées par la convention de Kutaya. A mon sens, c'était la chaîne entière du Taurus qu'il devait revendiquer pour se prémunir, à la fois, contre les entreprises des Turcs et des Russes par la possession de tous les défilés, faciles à garder et à défendre s'ils étaient bien fortifiés. Mais on conçoit combien l'Angleterre eût été tourmentée si le Diarbekir et l'Irak arabique, c'est-à-dire si l'ancienne Mésopotamie comprise entre le Tigre et l'Euphrate jusqu'à Bassora, fût devenue la proie du vice-roi, qui se serait ainsi posé comme puissance politique et commerciale au fond du golfe Persique.

Cependant, sous le point de vue de la conservation et de la défense de l'empire Ottoman, il y aurait eu un très-grand avantage à ramener sous le sceptre unique d'un prince vigoureux tous ces petits états, que des chefs audacieux exploitent au profit de leur cupidité et au détriment de la puissance publique. Les populations belliqueuses de la Turcomanie et du Kurdistan, organisées et dirigées comme le sont aujourd'hui les Arabes et les Syriens, auraient pu mettre un terme aux envahissements des Russes sur les côtes méridionales de la mer Noire, prêter à la Perse un utile appui contre l'ennemi commun et la contenir elle-même dans ses propres limites.

Dans l'état de décadence et de dissolution où est tombée la Turquie, il est hors de doute que Méhémet-Ali et ses successeurs ne devinssent, à titre de princes héréditaires et de grands vassaux de l'empire, les meilleurs défenseurs de son intégralité. L'avenir peut réserver à cette dynastie nouvelle l'occasion de relier en un seul faisceau les états démembrés de l'ancien empire d'Orient. Il suffit d'une insurrection populaire pour renouveler les sanglantes catastrophes du sérail et pour anéantir, d'un seul coup, jusqu'au dernier rejeton de la famille impériale : les têtes de Sélim III et de Moustapha IV n'ont-elles pas roulé, de nos jours, devant une soldatesque furieuse de fanatisme et de vengeance!

Qu'on ne s'abuse donc pas au point de traiter de chimère la prévision d'événements extraordinaires qui peuvent, sinon rendre la vie à l'empire Ottoman, au moins faire surgir des ruines de la Turquie d'Europe, un empire asiatique qui pourrait reproduire celui des kalifes, avec toute sa puissance, toute sa splendeur. Pour ceux qui connaissent les Turcs, qui les ont visités et étudiés sérieusement, à Constantinople, dans les grandes capitales et dans l'intérieur des provinces, il n'est pas douteux que la nation tout entière ne soit profondément blessée des innovations sacriléges qui ont bouleversé les croyances, les lois, les mœurs, les usages, et détruit jusqu'au prestige du costume national, qui était le signe de la puissance et qui imposait le respect, par cela seul qu'il distinguait les vainqueurs des vaincus. Ce sont ces innovations imprudentes qui ont hâté la décadence de l'empire et préparé sa chute; parce que n'étant que des imitations imparfaites d'institutions mal comprises par le gouvernement et inintelligibles pour le peuple, elles n'ont pu réaliser au profit de la nation et pour sa propre défense, aucuns des avantages qui leur sont inhérents, tandis qu'elles ont privé l'état du bénéfice des anciennes institutions et des ressources infinies que mettait à la disposition du sultan son omnipotence absolue sur les hommes comme sur les choses, à titre de kalife ou chef suprême de la religion.

Cet état de décadence et de dissolution s'aggrave encore tous les jours par l'introduction au moins insensée, si elle n'est pas perfide, de cette prétendue *constitutionnalité*, qui achève de saper la base de l'édifice social, en détruisant le principe religieux sur lequel elle est fondée. C'est ce principe qui a réuni dans une même nationalité les races diverses associées aux triomphes de la foi, qui a donné une origine divine à l'autorité, qui a commandé au nom du ciel l'obéissance, le respect, le dévouement aux fidèles, qui a fait de chaque homme un guerrier, de chaque guerrier un héros, et qui a imposé l'énergique domination de quelques milliers d'hommes à des millions de sujets qui n'avaient jamais osé regarder leurs maîtres en face. Aujourd'hui, tous sont confondus, vainqueurs et vaincus, mais non pas dans un même sentiment de dévouement pour le prince et pour le pays. Il ne reste au sultan qu'un petit nombre de fidèles mécontents, qui n'ont plus confiance en lui et qui ont perdu jusqu'à leur propre estime. Les anciens sujets, c'est-à-dire les deux tiers de la population, appartiennent à un autre maître. Que les Grecs soient en effet encadrés dans l'armée concurremment avec les Turcs et proportionnellement à la population respective des deux peuples, et l'empereur de Russie en devient, de fait, le généralissime!

Pense-t-on que ce mécontentement profond des musulmans, cette impatience du joug des chrétiens, dont les institutions sont venues se substituer à celles du Prophète et s'imposer orgueilleusement à leur respectueuse soumission, n'aient pas préparé les voies aux événements extraordinaires dont j'ai fait pressentir la possibilité?

Je crois trop bien connaître l'extrême faiblesse des Turcs en Europe, la disposition des Grecs et leur fanatisme, la politique de l'Autriche et de la Prusse, la toute-puissance et l'ascendant de la Russie, pour espérer que l'apparition soudaine du vice-roi devant Constantinople puisse réveiller la nation de sa léthargie et appeler aux armes tout ce qu'il reste de croyants sur le sol de l'empire. Certes, si pareil miracle doit un jour étonner le monde, un seul homme peut l'opérer : Méhémet-Ali.

Mais si l'heure fatale a sonné pour l'illustre famille d'Osman, si les voûtes de Sainte-Sophie doivent retentir des chants de la victoire et des actions de grâces de la religion, si les acclamations populaires ont salué le nouveau césar, le nouvel empereur de Constantinople, pourquoi Méhémet-Ali n'appellerait-il pas à son aide l'influence que peut exercer sur l'esprit des peuples l'énergie d'un homme qu'ils se sont accoutumés à vénérer comme le conservateur et le protecteur de la foi, pour rallumer l'enthousiasme des fidèles et rallier autour de l'étendard sacré une nouvelle nation de guerriers et de séides redoutables, capables d'entraîner toutes les populations et de relever l'ancien empire des califes, qui se poserait fièrement en face des Russes pour les arrêter, et les contenir en Europe pour des siècles encore et peut-être indéfiniment? Quelles ressources et quels moyens immenses ne pourrait pas improviser une révolution religieuse!

Qu'on se rappelle que cette Turquie d'Asie, la contrée de la terre le plus libéralement dotée par la nature pour la beauté du climat, pour la variété et la richesse des productions, pour les délices de la vie, puisqu'elle renferme les jardins d'Éden, que Dieu même avait choisis pour l'habitation de nos premiers parents, embrasse dans sa vaste étendue les anciens royaumes de Syrie, d'Assyrie, de Lydie, de Bythinie, du Pont, de la Cappadoce, etc., qui ont longtemps lutté isolément contre le colosse romain, et qui, réunis, composeraient un empire assez puissant pour faire contre-poids à celui de Constantinople. Que ne deviendrait-il pas entre des mains fermes et habiles comme celles de Méhémet-Ali, qui a su, avec discernement, n'introduire dans ses états que les innovations qui pouvaient élever ses moyens de force et de puissance au niveau de la supériorité européenne, tout en conservant à ses peuples les caractères distinctifs de race, de mœurs, de religion qui constituent la nationalité, et qui perpétuent l'énergie du fanatisme à l'égard de l'étranger.

Au reste, cette quadruple alliance, toute

puissante qu'elle soit, n'est pas encore au bout de sa tâche. Elle renferme de tels éléments de dissolution qu'il n'y a rien de moins certain qu'elle atteigne complétement le but qu'elle s'est proposé, au moins quant à la satisfaction de tous les intéressés. L'Angleterre et la Russie ont des vues trop divergentes pour s'entendre et se prêter un concours sincère jusqu'à l'issue définitive. Unies pour détruire, divisées pour partager, l'Angleterre ne veut point des Russes à Constantinople, et la Russie ne veut point des Anglais en Égypte ou en Syrie.

La possession de Constantinople doit, avec le temps, donner la suprématie maritime dans la Méditerranée ; elle doterait la Russie du plus beau port du monde ; le littoral de la Bulgarie, de la Thrace, de la Macédoine, de la Grèce et des îles de l'Archipel lui fournirait trente mille matelots dont l'audace égale l'habileté. La Propontide et la mer Noire deviendraient sa propriété exclusive ; elle acquerrait un nouvel ascendant sur la Perse, et son influence sur les populations tartares et afghanes pourrait imprimer à leurs expéditions belliqueuses une direction fort dangereuse pour les possessions de l'honorable compagnie dans l'Inde: Caboul, Candahar, le Moultan, le Penjab, tracent la route que leurs devanciers ont suivie sous Gengis, sous Timour et sous Nadir-Scha: La plus récente conquête ne date que du siècle dernier (1732). Le nôtre, si fécond en événements extraordinaires, pourrait en reproduire la merveille. On conçoit donc de quelle importance il est pour l'Angleterre de prévenir et de combattre de tous ses efforts la réalisation des projets de la Russie.

D'autre part, les Anglais établis en Égypte, en Syrie et à Aden, auraient un point d'appui pour contrarier en Perse l'influence de la Russie et pour protéger leur domination dans l'Inde. Maîtres absolus des golfes Arabique et Persique, de ceux de Cambaye et de Cutch, des bouches du Sind, ils sauraient ramener sur les côtes soumises à leur contrôle la portion du commerce dont les routes auraient été détournées vers la Caspienne par Astrabad, et sur les côtes arméniennes de la mer Noire. Partout, les intérêts des deux puissances rivales se trouvent en collision et en hostilité. Comment une alliance solide peut-elle les réunir dans un but commun et dans des projets de quelque durée?

D'ailleurs, une pensée d'avenir doit avoir également préoccupé la Russie. Son ambition ne se trouverait-elle pas satisfaite de l'immense conquête de la Turquie d'Europe? C'est l'écusson des anciens empereurs d'Orient qu'elle a choisi comme emblème des prétentions qu'elle s'arroge. Son aigle à double tête est le symbole d'une double domination sur les deux continents où règne en souveraine la ville de Constantin, et ce n'est pas à demi qu'elle veut succéder à ses droits. Il ne lui convient donc pas que l'Angleterre s'établisse avec quelque solidité sur le sol d'un empire dont elle prétend la propriété, comme annexe d'un domaine qui lui appartient par droit d'hérédité. Si telle est en effet la position respective et vraie de deux des contractants, comment augurer pour chacun un heureux et fructueux dénouement? Est-il possible qu'il y ait loyauté des deux parts? Ne trompe-t-on pas quelqu'un, ou se trompe-t-on mutuellement? Encore quelques jours, et le fait aura donné le mot de l'énigme.

Dans les commentaires du traité présentés par quelques journaux optimistes, on a prévu l'occupation de Constantinople par les Russes, et le passage des Dardanelles par les Anglais, comme des dispositions passagères et accidentelles, seulement déterminées par certains mouvements de Méhémet-Ali, mais d'ailleurs parfaitement innocentes et désintéressées. La confiance honore sans doute celui qui la témoigne, parce qu'elle est une preuve de sa bonne foi; mais les Anglais ont-ils rendu Gibraltar aux Espagnols et l'île de Malte aux Chevaliers, comme ils l'avaient promis? Les Russes se piqueront-ils d'être plus scrupuleux? Non certes; car ils ne seraient en langue politique ou diplomatique que des niais, et, jusqu'à ce jour, ils n'ont pas mérité cette honorable épithète.

Ce n'est pas, toutefois, la conclusion d'un traité, telle habileté qu'on ait su déployer pour l'obtenir, qui réalise l'objet qu'on s'est proposé : c'est son exécution. Ici commence la série des difficultés sérieuses que peuvent faire surgir les événements imprévus.

Puisque la résolution du vice-roi n'a pas été

ébranlée par la notification solennelle du traité de la quadruple alliance, et par la sommation du sultan, on doit s'attendre à la résistance la plus obstinée, et au déploiement de toutes les forces et de tous les moyens de défense que sa prudence s'est étudiée à créer et à accumuler, depuis longues années, dans la prévision d'une lutte à outrance, devant laquelle son courage n'a point reculé. Malgré toute la puissance des coalisés, il n'est pas probable qu'ils réunissent assez de troupes pour l'écraser de leur supériorité. C'est une immense entreprise que celle du transport d'un corps d'armée, même en toute sécurité pour le trajet maritime, lorsqu'il faut l'expédier de trois ou quatre cents lieues. Et si le convoi qui le porte et l'escadre qui le protége couraient la chance possible de rencontrer une autre escadre tout aussi formidable, dont les dispositions peuvent être au moins douteuses, si elles ne sont pas décidément hostiles, de quel nom faudrait-il qualifier le gouvernement qui oserait compromettre la vie de 20 mille de ses soldats ou de ses marins ? Ainsi, voilà une des combinaisons de la coalition qui reste subordonnée à une éventualité qui est hors de sa dépendance. Toute tentative de débarquement ou de bombardement sur les côtes de l'Égypte et de la Syrie se trouverait de même interdite par la simple présence d'une escadre d'observation.

Écartons pour un instant la supposition d'une intervention étrangère et protectrice, et abandonnons Méhémet-Ali aux libres attaques de ses ennemis. — Une descente en Égypte n'exposerait-elle pas les Anglais à la disgrâce d'une seconde expulsion? Il y a certainement probabilité pour l'affirmative, parce qu'ils trouveraient le pays bien préparé à les recevoir, les points accessibles fortifiés et gardés, les places importantes pourvues de garnisons, une milice nombreuse mobilisée en corps d'armée, et les deux équipages des deux flottes turque et égyptienne réunis et organisés pour agir, suivant les besoins, comme soldats ou comme marins. Alexandrie sera certainement armée et fermée de telle sorte que l'entrée du port ne puisse être forcée, et que ni brûlots, ni bateaux à vapeur, ni canots, ne puissent y pénétrer sans y être arrêtés et coulés. Saint-Jean-d'Acre est à l'abri de toute surprise par terre et par mer. On sait qu'il n'y a pas de meilleures troupes pour défendre les places que les Turcs et les Arabes.

La Syrie est le vrai point objectif de la coalition. C'est là que seront dirigés tous ses efforts, mais c'est là aussi que se trouve la grande armée du vice-roi, commandée par son propre fils, chef aussi intrépide qu'expérimenté, et qui est lui-même secondé par les meilleurs et les plus habiles généraux.

En supposant donc qu'un corps russe soit destiné à agir contre Ibrahim, on ne peut raisonnablement élever sa force au delà de 40 mille hommes. Car c'est la plus forte armée qui puisse être maniée et devenir mobile dans un pays sauvage, entrecoupé de montagnes et de défilés, et sans routes praticables. Dans quel état de détresse et de désorganisation ne se trouverait pas cette armée après une route de plus de 200 lieues (si on la fait partir de la Géorgie ou d'Érivan) à travers une population hostile et entreprenante comme celle des Turcomans et des Kurdes, population belliqueuse, qui ne manquerait pas d'être stimulée et guidée par les émissaires et par quelques officiers du pacha. Quelles chances seraient donc réservées à ce corps délabré s'il devait, seul, aborder l'armée imposante et victorieuse d'Ibrahim-Pacha?

On doit, il est vrai, s'attendre à une coopération concertée de la part du gouvernement turc, qui jettera sur les côtes de Syrie les quelques hommes qu'il sera parvenu à rassembler, et auxquels se joindront force officiers et agents anglais pour raviver l'insurrection du Liban et pour diriger les opérations militaires auxquelles le corps auxiliaire devrait prendre part. Mais il est au moins vraisemblable qu'Ibrahim ne restera point inactif; qu'il aura pris les mesures les plus énergiques pour contenir les Druses et les Maronites; et qu'ayant à opérer contre des corps séparés, il saura, par la promptitude et la bonne direction de ses mouvements, porter avec rapidité contre chacun d'eux la masse principale de ses forces et les écraser isolément.

Nous ne prétendons point, toutefois, discuter sérieusement les plans de campagne qui peuvent être projetés contre l'armée du vice-roi et les opérations militaires dont la Syrie peut devenir le théâtre. Ce que nous avons voulu établir, c'est l'incertitude des succès dont on se flatte, et nous en trouvons une cause suffisante dans la comparaison d'une armée très-bien organisée, très-bien commandée, aguerrie et électrisée par le souvenir de ses triomphes, avec des corps qui ne peuvent être composés que de débris de troupes déjà vaincues, sans discipline, sans instruction et sans confiance dans leurs chefs; ou avec des étrangers accueillis avec toutes les préventions, toutes les haines et toutes les répulsions que soulève leur qualité d'infidèles, par une population fanatique et guerrière, à travers les pays les plus difficiles à franchir, sans autres ressources que celles qu'ils seront obligés d'apporter avec eux ou de disputer les armes à la main. Quels ravages ne doivent pas faire éprouver à cette armée la misère, la faim, les maladies, les embuscades, les surprises et les pertes journalières qui l'auront accompagnée pendant une marche de 200 lieues ! Cependant nous sommes d'autant plus disposé à croire à la réalité d'une expédition russe dirigée contre Méhémet-Ali, quelle que soit sa force et de quelque point qu'elle parte, qu'elle nous semble utile pour provoquer l'avénement du *casus fœderis* qui devra servir de prétexte à l'occupation de Constantinople.

Nous avons présenté le tableau des intérêts divers et de la position respective des différentes puissances signataires du traité du 15 juillet dernier relativement à cette question d'Orient si grave et si compliquée, et que, cependant, ce traité a pour objet de résoudre au plus grand avantage de l'Europe et de la Turquie elle-même. Il peut se résumer, sans rien perdre de sa vérité, dans cette analyse sévère, mais que nous croyons juste. — Selon notre intelligence et notre jugement : *la sublime Porte* est, à la fois victime de sa faiblesse et dupe de la confiance que sa simplicité accorde à l'intervention européenne, à moins que son divan ne soit vendu. — L'*Angleterre* et la *Russie*, rivales également ambitieuses et rusées, se sont associées dans des vues communes de destruction et avec des projets et des espérances opposés. — L'*Autriche* et la *Prusse* ont, passivement, accédé au traité sous l'influence de la nécessité et sous l'espoir d'une extension de territoire, soit directement, soit par compensation, pour prix de leur résignation. — La dislocation et le démembrement de l'empire ottoman sont les conséquences probables de cette alliance monstrueuse.

Dans ce chaos épouvantable, quel aura été le rôle et le lot de la France?

Mal engagée dans le principe, la France a tenu une conduite contradictoire qui a fini par une exclusion, ou par une séparation volontaire, du congrès qui s'était rendu l'arbitre des destinées de la Turquie. Sa première faute, à mon sens, est d'avoir persisté dans une politique que la raison ni la dignité ne sauraient conseiller, et dont l'expérience a dû lui prouver l'inanité et le danger. C'est d'avoir accepté, dans cette circonstance, comme dans quelques autres également graves, l'arbitrage et l'arrêt d'un congrès européen, dans lequel elle n'est intervenue, jusqu'à ce jour, que pour subir les décisions d'une majorité toujours malveillante. Car ce qui doit être bien avéré pour elle, c'est qu'aujourd'hui, malgré certains traités, malgré certaines assurances amicales, la France n'a pas un seul allié en Europe. — Puisse la honteuse et fatale condescendance de la Turquie lui servir d'exemple et de leçon !

Le gouvernement peut avoir été entraîné par les discussions des Chambres et surtout par l'opinion exprimée au nom de la commission; opinion qu'il aura pu considérer comme l'écho de celle du pays. Cependant, c'est à lui de redresser les écarts dans lesquels pourrait se jeter imprudemment une Chambre inexpérimentée, séduite par une fausse application des doctrines les plus orthodoxes et des sentiments les plus généreux. C'est à lui et sous sa responsabilité qu'est confié le soin des intérêts d'état et de l'honneur national.

Ces intérêts, pour être appréciés sûrement, devaient être déduits de la position particulière à la France, tant à l'égard de l'empire ottoman tel que le temps et les faits l'avaient constitué, qu'à l'égard des puissances européennes qui se proposaient d'intervenir. — A l'égard de l'empire ottoman, elle se présentait avec toutes les conditions qui devaient lui obtenir la plus entière confiance. Sans prétentions possibles sur aucune des portions de la Turquie d'Europe et d'Asie, ainsi que sur l'Égypte, elle ne pouvait se proposer qu'un seul but, celui de maintenir la paix entre le sultan et le vice-roi, afin de conserver, dans les deux états, les relations de bienveillance mutuelle, qui sont si nécessaires et si favorables à la prospérité du commerce. Son intérêt positif était donc de prévenir toute collision possible entre le suzerain et le vassal, et de favoriser de sa médiation et de ses efforts toutes négociations, toutes transactions qui auraient eu pour objet de rétablir et de perpétuer la bonne intelligence. —A l'égard des puissances continentales, la France devait se mettre en garde contre les prétentions de cette suprématie injurieuse et menaçante qu'elles se sont arrogée depuis les traités de 1815, et dont elles se sont prévalues pour s'établir les arbitres de ses propres affaires. La conséquence naturelle de cette méfiance légitime était de décliner sa participation à toute coalition qui aurait pu enchaîner sa liberté d'action, et de se réserver de prendre, quant à elle, telle détermination que l'équité et ses propres intérêts pourraient lui conseiller, suivant les circonstances.

La protection, à main armée, imposée à la

Turquie par les quatre puissances les plus intéressées à son démembrement et qui sont les mieux placées pour l'opérer impunément, ne pouvait être justifiée à ses yeux par aucun danger réel pour le sultan de la part d'un vassal déjà reconnu, et qui, après la victoiredécisive qui livrait tout l'empire à sa discrétion, se bornait à réclamer respectueusement de son seigneur et maître la confirmation d'un droit consacré par une convention solennelle. S'il y avait en effet danger, il ne pouvait venir que de l'une des puissances protectrices, et alors, c'était contre elle que la coalition devait être dirigée. S'il y avait lieu de suspecter la coalition tout entière, c'était au moins le cas de s'abstenir, pour éviter de concourir à une œuvre d'iniquité dont ses rivaux devaient seuls recueillir les bénéfices.

L'attitude que désignait à la France l'intelligence de ses propres intérêts est précisément celle à laquelle elle a été ramenée par la prévision des événements qu'elle redoute, ou par le sentiment de son honneur blessé.

Quelle ligne de conduite va-t-elle tenir? Restera-elle immobile, drapée dans sa dignité? Assistera-t-elle en témoin impuissant au banquet politique, où quatre convives joyeux et moqueurs vont se partager les dépouilles d'un empire? Elle a fait retentir les places et les rues de ses cités des sons éclatants de la trompette et de ses cris de guerre, est-ce pour se donner en spectacle ou pour appeler aux armes? — Cette France est sans doute trop puissante et trop sage pour se laisser entraîner par un mouvement irréfléchi de colère, ou par un accès de vanité et de dépit, comme une femme présomptueuse, irritée d'avoir été délaissée ou méconnue. C'est de sang-froid, c'est avec l'impassibilité que donne le sentiment de sa propre force, qu'elle appréciera ce qu'exige sérieusement le soin de son honneur et de ses intérêts. — Son honneur! comment pourrait-il être outragé lorsqu'une déclaration officielle du premier ministre de la Grande-Bretagne affirme expressément que jamais les quatre puissances, en signant le traité de Londres, n'ont eu la moindre intention de l'offenser. Sur ce point, la satisfaction est donc complète. — Quant à ses intérêts, elle doit les juger compromis, puisqu'elle s'est retirée du congrès. Ils le sont en effet. D'abord, parce que la résolution de la coalition conduit nécessairement à l'emploi de la force pour obtenir ou pour contraindre l'adhésion du vice-roi, et qu'il est improbable ou plutôt impossible qu'il se soumette. Ce n'est pas à son âge et pour assurer à sa vieillesse quelques années de plus, qu'il consentira à sacrifier l'œuvre de toute sa vie. Œuvre d'intelligence, de courage et de persévérance. Œuvre utile à l'empire, par les tributs qu'il a restitués au trésor du sultan, par la richesse et la puissance qu'il a su créer et qu'il a mises à son service. Un autre motif encore, non moins honorable et non moins puissant, doit affermir sa résolution : c'est la conviction que l'intervention européenne ne peut avoir pour but que la ruine de l'empire.

Ainsi, quant à la France, le premier effet de la coalition est d'amener une collision sérieuse entre le sultan et le vice-roi; et, par conséquent de lui faire perdre les avantages commerciaux que leur bonne intelligence et le maintien de la paix devaient perpétuer à son profit. — En second lieu, parce que les événements les plus funestes et les catastrophes les plus terribles peuvent être les conséquences de cette collision inévitable. L'imagination s'effraye des malheurs qu'elle peut produire, des bouleversements qu'elle peut entraîner, de la commotion épouvantable qu'elle peut imprimer à toute l'Europe, à toute la terre peut-être. Un empire comme celui de Constantinople ne s'écroulerait pas sans épouvanter le monde de l'éclat de sa chute et de ses ruines. L'Égypte, l'Arabie, la Palestine, la Syrie et toute la Turquie d'Asie peuvent être réunies sous le sceptre de Méhémet-Ali et élever un nouvel empire qui surgirait redoutable d'enthousiasme et de fanatisme ; une insurrection peut éclater à Constantinople, ensanglanter le sérail du meurtre de la famille impériale, et livrer aux flammes une ville prête à tomber entre les mains des infidèles.

Rien n'est moins certain que la coalition fût assez puissante pour prévenir et pour arrêter de tels désastres ; mais ce qui n'est point douteux, c'est que les quatre confédérés se jetteraient sur la proie qu'ils convoitent, et que chacun se saisirait de la part que lui aurait attribuée le traité secret, dans l'occurrence de l'éventualité prévue.

Ce qu'une catastrophe amènerait nécessairement, peut être le produit d'une cause moins extraordinaire; un simple mouvement menaçant de la part d'Ibrahim donnerait lieu au *casus fœderis* et autoriserait l'invasion de Constantinople par les Russes. C'est probablement pour le provoquer que la Russie prépare une expédition contre le pacha. Au reste, que le fait s'opère avec éclat ou qu'il se produise furtivement, le résultat n'en serait pas moins le même, c'est-à-dire la dislocation de l'empire et le démembrement de la Turquie européenne. Tout autre dénoûment est invraisemblable et serait un effet sans cause; car, en toute sincérité, en toute conscience, la coalition ne peut avoir aucun intérêt, soit général, soit particulier, à s'interposer entre le sultan et son vassal, comme moyen de protection pour le prince et pour l'empire. Elle serait donc absurde.

Ainsi, le moindre des préjudices que la France soit exposée à éprouver, c'est de voir les quatre plus grandes puissances de l'Europe, qu'une commune rivalité, qu'un même sentiment de jalousie et d'inimitié réunissent contre elle, acquérir un accroissement de territoire et de force qui détruira de fond en comble cet équilibre prétendu qui devait servir de garantie à tous les peuples et assurer la paix du continent, sans qu'elle puisse, pour son compte, prétendre à aucune compensation proportionnelle et même en signaler une seule à sa convenance qu'il fût possible de réaliser.

La France, en effet, n'a rien à espérer pour l'accroissement de sa puissance. Elle continuera à subir les conséquences de son humble condition. Ce n'est que sur le continent qu'elle pouvait convoiter un équivalent profitable pour elle des agrandissements qu'obtiendront ses voisins. Elle en a eu deux fois l'occasion, et deux fois elle l'a laissée échapper. Aujourd'hui, la position qu'elle occupe dans le système politique de l'Europe et l'impuissance à laquelle elle est condamnée par l'influence morale qu'elle subit de l'opinion et de ses propres arrangements, la placent, au dehors, dans un isolement qui menace jusqu'à sa sécurité;

et au dedans, sous la domination de doctrines funestes ou de préjugés fallacieux qui lui interdisent jusqu'à l'exercice de ses propres moyens de force et d'action.

Voilà ce que lui a valu l'échange d'une alliance que signalait à sa sympathie la réunion de tous les intérêts et de tous les avantages qui peuvent réciproquement resserrer et perpétuer l'intimité de deux nations si heureusement placées sur le globe pour devenir et demeurer amies, contre une autre alliance invoquée dans un moment de peur et de faiblesse, et accordée, tout exprès, pour paraliser l'élan généreux qui devait nous restituer notre position dans le monde, et avec elle l'estime des peuples et la nôtre. — Il y a douze ans que j'écrivais : « Si l'Autriche et l'Angleterre sont » en effet les ennemies de la France, la Russie » doit en être l'alliée naturelle ; car elle les a, » comme elle, toutes les deux pour rivales. » Séparés par de vastes contrées, les deux peu- » ples n'ont aucun intérêt à débattre ; aucun » sujet de querelle, aucune cause raisonnable » de litige ne peuvent troubler leur bonne in- » telligence ; placés aux deux extrémités de

» l'Europe continentale, ils semblent destinés à » en devenir les modérateurs et les arbitres. » — Rien n'a changé, quant aux intérêts, quant à la position. La France seule a méconnu les relations nécessaires des choses, des lieux et des hommes.

L'Angleterre vient de nous donner un échantillon de sa bienveillance et de sa loyauté. Elle nous aurait révélé ce que vaut son alliance si l'histoire des deux peuples ne nous avait pas appris que depuis la bataille d'Hastings jusqu'à celle de Waterloo, c'est-à-dire pendant plus de huit cents ans, elle avait toujours été l'ennemie acharnée, irréconciliable, de la France. Il serait hors de propos de relater ici quelques-uns des faits innombrables qui constatent cette vérité. — Jalousie de puissance et d'influence continentale, jalousie de richesse intérieure, d'industrie et de commerce, jalousie de puissance et de suprématie maritime, nos intérêts partout divisés et partout en présence, ont ensanglanté le monde entier.

Je sais qu'on m'accuse d'être sous l'empire d'une idée fixe qui interdit toute autre combinaison que celles qui rentrent dans la conception primitive. J'accepte le reproche. L'immuabilité est le cachet de la vérité. Une pensée juste se fortifie de toutes les épreuves auxquelles vous la soumettez, de toutes les applications que vous lui faites subir. Elle apparaît avec l'évidence d'un axiôme. Elle se confirme par tous les résultats qu'elle produit, comme conséquences naturelles du principe qui les contient. Mon idée fixe est, en effet, que l'Angleterre est forcément l'ennemie de la France. Elle le fut de temps immémorial ; elle le sera éternellement. Si les deux puissances sont aujourd'hui réunies par les liens d'une communauté en apparence amicale, c'est parce que l'Angleterre n'a pas trouvé de meilleur et de plus sûr moyen de nous priver de la Belgique. C'est sous la condition qu'elle formerait un état distinct, et c'est pour assurer sa séparation qu'elle s'est faite notre alliée, notre amie. *Ab uno disce omnes.*

L'état d'isolement dans lequel l'Europe s'est complu à maintenir la France depuis les traités de 1815, était un signe de malveillance assez manifeste pour qu'elle s'empressât de rechercher en elle-même de nouveaux moyens de force et de puissance ; capables non-seulement d'assurer sa défense intérieure, mais encore d'imposer le respect aux étrangers par la crainte d'un juste et terrible châtiment. Ces moyens lui ont été proposés et ont paru occuper, un instant, toute sa sollicitude. Mais quels sont les projets d'avenir qui ont chance d'être accueillis par cette France à la fois si impressionnable et si mobile? Le danger passé, à quoi bon des armes, des places, des vaisseaux? son courage ne lui suffit-il pas? n'est-elle pas toujours prête à présenter à l'ennemi sa poitrine et le million de baïonnettes que ses enfants ont toujours à son service? Arrive un de ces jours funestes que sa prévoyance n'avait pas soupçonné, ou que sa présomption avait méprisé, elle se trouve prise au dépourvu et se voit forcée d'accepter le rôle subalterne que lui impose son impuissance.

Paris fortifié, c'est-à-dire entouré d'une enceinte continue, établie avec la consistance et les profits d'une place de guerre, à l'abri de l'escalade, de toute surprise et de toute attaque de vive force, ne sauvait pas seulement la capitale et l'immense fortune qu'elle renferme, mais elle devenait le boulevard de la France entière, le centre et le foyer de la puissance militaire du royaume, la base et le nœud de son système défensif, et le moteur le plus puissant pour opérer un tel développement de forces qu'il n'est pas de coalition dont elle ne pût braver les menaces et les entreprises. Espérons que toutes les objections soulevées par les préventions du commerce, de l'industrie, de la haute classe de la bourgeoisie, et peut-être aussi par certaines répugnances qui imposent le respect, tomberont devant le sentiment d'une impérieuse nécessité, trop bien démontrée par l'importance et le danger de la situation présente. Le commerce et l'industrie, la fortune publique et privée, les véritables intérêts du trône, l'indépendance et la sécurité de la France, ne sauraient trouver, nulle part et par aucun moyen possible, une plus utile et plus sûre protection que celle que doit leur donner la fortification de Paris!

Retournons à notre affaire d'Orient et cherchons à déterminer, par la considération des données que nous avons obtenues sur les intérêts de la France dans la solution de cette question, le système de conduite que sa position lui commande ou lui permet d'adopter.

Nous avons accepté, quant au point d'honneur, la déclaration officielle du chef du ministère britannique, quoiqu'il y eût, peut-être, lieu de se trouver formalisé de ce que la retraite de la France n'eût pas amené une modification dans la résolution de la majorité du congrès, ce qui implique de sa part, sinon le mépris, au moins une indifférence impolie. Je sais qu'à la rigueur, la confédération était dans son droit; aussi, ne consigné-je mon observation que pour mémoire.

Quant à la lésion des intérêts, elle ressort de la collision forcée du sultan et du vice-roi, laquelle doit faire perdre à la France les bénéfices de la paix, au détriment de son commerce, sur les côtes et dans l'intérieur des deux états. Mais c'est particulièrement de l'issue probable de la lutte engagée de concert avec les quatre puissances alliées, que nous avons déduit les dommages et les dangers sérieux qui peuvent menacer la France et compromettre sa sécurité continentale par un tel accroissement de force et de puissance, au profit des confédérés, qu'il briserait l'équilibre politique de l'Europe, et la placerait à leur égard dans une position relative de faiblesse dangereuse et de dépendance nécessaire. Une autre conséquence de la probabilité admise, serait la restriction de son commerce et de son influence dans la Méditerranée, et de plus, son exclusion de la Propontide et du Pont-Euxin.

Si ce résultat, prévu comme probable, devait se réaliser, c'est-à-dire si les événements qui doivent le produire s'accomplissaient en effet, je ne pense pas qu'il puisse s'élever dans le conseil une autre proposition que celle d'employer tout ce que la France a de force et d'énergie, tout ce qu'elle a de puissance et de ressources pour s'attribuer, aux dépens de n'importe qui, une compensation continentale proportionnelle à l'agrandissement de ses rivaux ou ennemis. Toute autre détermination la marquerait au front du sceau de la couardise et de l'infamie!

Chacun des coalisés est solidaire des œuvres de la confédération; et si le bouleversement de l'empire et le démembrement de la Turquie d'Europe devenaient la conséquence et le fruit de son intervention, ce sont les alliés les plus rapprochés de nous, les plus à portée de nos canons et de nos épées, qui doivent fournir à la France le dédommagement qu'il est de son droit de revendiquer et de son devoir d'obtenir, de gré ou de force. Ainsi, à l'égard des puissances continentales que nous pouvons atteindre, la France devrait se mettre en état d'agir avec toute la vigueur que comporte la gravité de la querelle. Si elle n'est point en mesure, qu'elle dissimule et qu'elle se prépare! car il vaut mieux s'abstenir que d'entreprendre avec mollesse et avec des moyens insuffisants une lutte qui achèverait de nous perdre dans le monde, si elle ne devait pas constater avec éclat notre puissance et notre supériorité. — Ce serait une faute grave que d'accorder trop de confiance à l'efficacité de la propagande. Sans doute, l'Allemagne, et particulièrement la Prusse, est travaillée par le besoin d'obtenir les garanties d'une constitution libérale promise au jour du danger; mais cet élan de patriotisme est subordonné à un sentiment profond qui prime et maîtrise tous les autres : c'est celui de la nationalité. Le gouvernement a pris grand soin de le cultiver et de l'exalter d'une manière toute spéciale contre les Français, dans son armée, dans sa landwehr et dans sa landsturm, c'est-à-dire au cœur de la nation. On doit donc s'attendre à la résistance la plus acharnée et s'y préparer sérieusement. Ainsi, l'attitude de la France serait au moins comminatoire à l'égard des puissances continentales; mais elle ne serait que ridicule et elle justifierait le mépris de la coalition, si elle ne devait pas se convertir en une agression vigoureuse et immédiate, dans le cas de l'éventualité prévue.

Dans une querelle qui doit se vider loin de nous, au delà des mers et par le concours d'une puissance maritime, notre marine était naturellement appelée à jouer un rôle important. Mais il fallait, avant tout, que la France eût un but arrêté et qu'elle fût décidée à le poursuivre à travers toutes les transformations qu'il pouvait recevoir des événements et des intrigues diplomatiques. Si ce but eût été de favoriser officiellement une transaction directe entre le sultan et son vassal, il fallait que sans hostilité, et seulement en méfiance de la puissance intéressée à contrarier ses vues, une escadre d'observation, bien installée, bien armée, se tînt sans cesse à portée de la sienne pour en surveiller les opérations. Cette assiduité incommode eût été la manifestation d'une résolution fixe qui ne permettait pas le doute d'une guerre imminente, si l'Angleterre persistait à faire violence à la liberté du sultan. Il y a lieu de penser que cette certitude eût été prise en grande considération, et qu'elle eût agi de tout son poids sur les délibérations du conseil britannique. La guerre, mais une guerre certaine, avec toutes ses chances de bonne et de mauvaise fortune, avec le danger de se perpétuer assez longtemps pour ruiner son commerce et appesantir les charges de la nation, devait peu convenir aux embarras intérieurs et extérieurs de l'Angleterre. — L'Inde, le Népaul, les Birmans, la Chine, le Canada, la délimitation contestée des frontières américaines, l'Irlande, les chartistes, les socialistes, lui commandent de la réserve et de la prudence.

S'il entrait dans les vues de la France de protéger plus efficacement Méhémet-Ali contre la violence du sultan et des puissances étrangères, alors il fallait s'entendre avec lui et se concerter pour la réunion et l'emploi de ses deux flottes avec la nôtre. Ses 20 vaisseaux de haut bord et ses 25 frégates ou corvettes, réunis avec la belle flotte de Toulon, qui, seule, est en état de faire tête à celle de l'Angleterre, aurait interdit toute expédition contre les côtes d'Égypte et de Syrie, et conservé l'empire de la Méditerranée pendant plus d'une année, peut-être. — Gagner du temps, c'est gagner son procès. Le proverbe est encore plus applicable à la politique qu'à la chicane.

Aujourd'hui, la position n'est plus la même. Le traité a reçu un commencement d'exécution, et la coalition sera d'autant moins disposée à reculer devant les obligations qu'il impose, qu'elle a la plus intime conviction que la France n'osera pas déclarer la guerre. Si le gouvernement et le pays sont de son avis, à quoi donc aura servi le crédit accordé par les Chambres, et quelle influence la France aura-t-elle exercée sur la solution de cette grande question d'Orient qu'elle avait prise tant à cœur et dans laquelle elle devait intervenir de tout le poids de sa puissance? Jusqu'à ce jour, le seul résultat évident pour le monde, c'est qu'elle est en dissidence avec toute l'Europe, qu'elle a perdu tout crédit auprès du sultan, et qu'elle abandonne Méhémet-Ali aux attaques et à la vengeance de ses ennemis.

Le gouvernement paraîtrait n'avoir pas renoncé à toute espérance d'obtenir quelques modifications aux conditions imposées au vice-roi par l'intervention officieuse d'une puissance conciliatrice. Il est difficile de partager sa confiance. Le traité est un acte sérieux qui a dû être discuté sous tous les points de vue et en prévision de tous les événements que son exécution peut développer. Un seul incident pourrait déterminer la coalition à se relâcher de la rigueur de ses prétentions. Ce serait une insurrection générale en faveur de Méhémet-Ali, ou une nouvelle victoire d'Ibrahim, ou un tel déploiement de force, qu'il n'y aurait plus aucune chance de succès pour elle. Mais alors, ce serait à Méhémet-Ali à demeurer inflexible. D'ailleurs, l'Angleterre seule aurait intérêt à arrêter le cours des événements ; car la Russie les a compris dans le calcul des chances favorables à ses projets.

L'Angleterre a beau se débattre, elle subira l'arrêt du destin. En dépit d'elle, en dépit de toutes les finesses de sa diplomatie, la Russie occupera Constantinople. Elle est, à mon sens, la maîtresse d'y entrer quand elle voudra, puisqu'elle s'entend avec l'Autriche. Que ce soit à l'issue des événements que nous avons signalés comme probables et prochains, ou qu'elle ajourne le dénouement, la catastrophe n'en est pas moins inévitable.

Un orateur de la Chambre disait, il y a dix ans, en parlant de l'empire ottoman : « Le cadavre ne peut plus être rappelé à la vie ». Cette expression, alors exagérée, n'est plus aujourd'hui que l'énonciation d'une vérité banale. Un arrangement amiable et spontané entre le sultan et le vice-roi pouvait encore prolonger l'agonie assez longtemps pour ajourner l'ouverture de la succession. Mais, en réalité, la Turquie d'Europe ne se relèvera jamais de l'état de faiblesse où elle est tombée, non-seulement à l'égard de ses deux rivales naturelles, l'Autriche et la Russie, mais encore à l'égard de sa propre population, musulmane et chrétienne. La première, la plus faible et la seule dévouée, a perdu toute confiance et se résigne à l'arrêt de la fatalité; la seconde n'appartient plus au sultan; elle reçoit d'un autre maître l'impulsion et le mot d'ordre. C'est l'empereur de Russie qui dispose d'elle comme de chose à lui, comme il convient à ses projets. Qu'il dise! et la révolte éclate dans les villes et dans la campagne, la mer se couvre de forbans, les bois et les montagnes fourmillent de bandits armés. La séduction, la corruption, pénètrent dans le divan, et l'intrigue s'agite au dehors pour y préparer la trahison. — Quel empire pourrait résister à l'action de tant d'éléments de destruction! Et quel empire est plus faible, plus exténué que celui de Constantinople!

Les Grecs sont tellement dévoués à la Russie, ils sont des instruments d'intrigue si déliés et si actifs, que si jamais un empire musulman s'élève en face de Constantinople, la première mesure de sûreté et de conservation est de les expulser, jusqu'au dernier, de toutes les villes, de tous les lieux où il peut y en avoir d'établis.

—Qu'on me pardonne ma franchise ! je ne fais point ici de la philanthropie et du sentiment, je parle politique et je dis la vérité. Je dois ajouter, pour caractériser le fanatisme des Grecs, que leur haine de sectaires dissidents est cent fois plus exaltée contre les chrétiens romains que contre les Turcs. Si jamais ils dominent en Orient, les catholiques y seront honnis et persécutés.

Les peuples et les empires sont, comme tout ce qui existe en ce monde, assujettis à la loi commune de successibilité et de transformation qui ne permet la continuité des êtres et des choses qu'à la condition d'une mobilité et d'une modification perpétuelles. Si donc l'empire de Constantinople, arrivé au terme fatal de son existence mahométane, doit passer entre les mains des Russes ; si les lambeaux de cet empire démembré doivent s'incorporer dans les royaumes voisins, accroître leur puissance et changer les rapports de force et d'équilibre qui garantissaient la sécurité des autres états, la France aurait été bien imprévoyante et bien mal avisée de ne pas être revenue à l'alliance de la Russie qui la mettait en position de protéger efficacement ses intérêts, et qui lui assurait, contre l'événement qui la menace, une si glorieuse et si utile compensation.

Profondément affecté de la ruine de notre ancienne puissance, non pas celle qu'une domination passagère avait étendue sur l'Europe entière, mais celle que les traités antérieurs à l'empire avaient consacrée et compensée par d'équitables indemnités; bourrelé par le souvenir des outrages et des malheurs des deux invasions étrangères, j'ai, suivant l'occurrence des événements favorables ou dans la prévision des dangers qui pouvaient menacer le pays, cherché à appeler l'attention du gouvernement et de la nation sur les moyens de rendre à la France le rang qu'elle avait perdu, et sur la nécessité de pourvoir enfin à sa défense et d'assurer son avenir. Le premier de ces deux mémoires, bien accueilli par la Restauration, avait atteint son but. La limite du Rhin, complément nécessaire de notre assiette géographique, était restituée à la France par l'alliance de la Russie, et la question d'Orient était décidée sous l'influence de cette heureuse alliance. Le second mémoire, présenté au gouvernement de Juillet, n'a obtenu qu'avec bien de la peine, bien de la persévérance, une honorable mais stérile mention, par un double renvoi, de la part des deux Chambres, au président du conseil et au ministre de la guerre; il est resté enseveli dans les cartons des archives où il n'a été déposé que pour renseignement. Le temps a ramené sur le tapis de la discussion les deux questions traitées dans ces mémoires. Ce n'est pas sous l'influence de la France que se décidera la première.

Qui sait comment la seconde sera reçue par les préventions royales et par les préventions populaires? C'est la fortification permanente de Paris, gage du salut commun du roi comme du peuple, garantie certaine contre l'invasion étrangère, supplément nécessaire de l'insuffisance de nos frontières écornées, moyen immense de force et d'action, si la France se trouvait un jour forcée de se défendre ou d'attaquer. Cette proposition n'est pas nouvelle, elle se présente avec toute l'autorité que lui donne le jugement de Vauban et celui de

Napoléon. Il y a vingt-cinq ans que je la discutais avec mon intime ami le général Haxo, et si je réclame aujourd'hui une part à l'honneur de l'avoir soutenue, c'est parce que je lui ai imprimé un caractère nouveau en constituant Paris fortifié la base d'un système général de défense et d'attaque; en l'établissant le foyer de concentration et d'action de la puissance militaire du royaume; en échangeant son rôle de capitale ouverte destinée à devenir le point objectif des opérations offensives de l'ennemi, contre celui de boulevard inattaquable et de point d'appui solide pour tous les mouvements défensifs et offensifs de nos propres armées, secondées par la coopération des autres armées qui doivent surgir du sein de son immense population. Avec une pareille place, la France aurait commandé, de la part des étrangers, le respect qu'elle s'impose à leur égard, et dans les questions européennes où ses intérêts se trouvent engagés, elle aurait pesé de tout le poids de la puissance qu'elle en aurait recueillie. Le temps et l'imminence d'un péril accidentel obtiendront un jour ce que la raison n'a pu conquérir.

En attendant, la France n'en est pas moins forcée de faire face aux dangers présents. Heureusement que le patriotisme de la nation suppléera à l'imprévoyance du gouvernement. Il n'y a point d'efforts, il n'y a point de sacrifices qu'elle ne puisse en espérer. Les engagements volontaires viendront concourir avec la conscription légale pour remplir les cadres de l'armée et la porter au grand complet de guerre; la garde nationale mobile sera appelée, organisée et répartie suivant les besoins; la garde nationale sédentaire formera le premier fond de la garnison des places. Ainsi, le premier des trois millions de baïonnettes que la France compte à son service peut être mis en mouvement avec une rapidité suffisante pour sa défense immédiate et pour ses projets futurs.

La marine s'est trouvée surprise par la rapidité des opérations de l'Angleterre. J'ignore quelles peuvent être les vues du gouvernement, quant à son emploi ultérieur; mais, dans sa position actuelle, elle me semble réduite au rôle subalterne d'observation. Si, plus tard, elle doit agir activement, il est d'une grande importance qu'elle soit maintenue dans un état de force, au moins proportionnelle à celle de l'ennemi. De tous temps, les engagements isolés et à force égale ont été glorieux pour la France. Nous ne sommes plus, grâce à une paix de 25 ans, dans la position de faiblesse relative que la guerre avait perpétuée, par l'impossibilité d'armer nos bâtiments d'équipages expérimentés, et qui donnait aux Anglais un si grand avantage sur nous. Nous avons aujourd'hui des marins disciplinés et consommés en tout point, des officiers aussi habiles que braves et des escadres manœuvrières. Je ne fais donc aucun doute que si une rencontre avait lieu entre les deux flottes, et à force égale, les Anglais ne fussent battus. Parce qu'en admettant la parité des éléments de marine et d'armement, il resterait toujours à l'avantage des Français cette vivacité, cet élan, cette *furia francese* qui n'aurait aucun contre-poids chez nos rivaux. La réunion de l'escadre russe à celle d'Angleterre donnerait à l'ennemi un tel ascendant sur nous, qu'il n'y aurait plus aucune chance d'entrer en lice, avec quelque probabilité de succès. Alors, la flotte devrait rentrer, sauf à l'employer à quelques diversions éloignées qui pourraient avoir leur importance et leur utilité.

C'est dans la prévision de la réunion des marines russe et anglaise que s'est présentée l'idée toute naturelle d'une coopération entre la France et Méhémet-Ali. Mais c'était un acte ostensible d'hostilité, et il pouvait ne pas convenir au gouvernement de faire éclater la guerre brusquement, au moment où sa bonne foi dans la loyauté anglaise avait livré à sa merci un otage précieux. Circonstance malheureuse, que l'Angleterre exploitera avec sa délicatesse ordinaire! Elle aurait déjà produit un effet fâcheux, si elle avait été le véritable motif d'un ajournement qui a fait disparaître toute possibilité d'exécution pour l'avenir.

Je n'ai point discuté les projets contradictoires inspirés par l'enthousiasme qu'excite le grand caractère de Méhémet-Ali, ou par la sympathie bienveillante qui réunit dans une même communauté de sentiments et d'intérêts des coreligionnaires sincères et affectueux. Déjà la discussion qui s'est élevée au sein des Chambres, sur la question d'Orient, avait fait surgir quelques propositions présentées en vue de la dignité nationale et en mémoire d'une expédition qui avait paru un acte de vigueur honorable, dans les premiers embarras politiques de la révolution de Juillet. Il s'agissait de s'établir et de prendre position dans quelque île importante de l'Archipel ou sur les côtes de la Syrie. A quoi aurait servi, et à quoi pourrait servir plus tard à la France la possession de quelques îles de l'Archipel, qui la mettrait encore davantage dans la dépendance de l'Angleterre, et qui, d'ailleurs, lui échapperait immanquablement plus tard? — C'est déjà bien assez d'Alger que, du reste, les alliés copartageants lui opposeraient comme un lot de son choix, qui constitue sa part des dépouilles et dont elle a pris possession par anticipation.

L'occupation d'un point sur le continent n'aurait été de même qu'une vaine menace, impuissante à se transformer en un effet réel. Et d'ailleurs contre qui cette menace? Était-ce contre la Russie, contre l'Angleterre, contre

Méhémet-Ali ? Quand on est dans une position fausse, ou qu'on se trouve engagé dans une affaire équivoque, dont le but et les résultats ne se dessinent pas avec netteté, on ne saurait agir avec la décision et l'intelligence nécessaires au succès.

Le précédent d'Ancône est un exemple dangereux à imiter. Il trouvait sa justification dans l'intention honorable de protester par un acte de vigueur contre l'intervention de l'Autriche; mais, il faut le dire ici, pour être sincère et pour rectifier les reproches maladroits que la presse adresse si souvent à un ministère étranger à l'acte même, et lié par une convention antérieure; le point d'occupation était fort mal choisi. C'était mettre à la discrétion de l'ennemi les 1,500 hommes qu'on y laissait; car ils ne pouvaient être secourus que par des troupes expédiées de Toulon, et les vaisseaux qui les auraient portées avaient à doubler la Sicile et l'Italie, et à lutter, dans l'Adriatique, contre des chances de mauvais temps qui auraient pu prolonger leur navigation au delà du terme utile au salut de la garnison. C'était Civita-Vecchia qu'il fallait occuper. D'abord, parce que cette position agissait plus immédiatement sur Rome qui réagissait sur l'Autriche; et puis, parce que, dans les 24 heures, les 1,500 hommes de garnison pouvaient se convertir en un corps de 15,000 hommes. L'occupation d'un point quelconque de l'Asie mineure ou de la Syrie n'aurait eu que les inconvénients de celle d'Ancône sans en avoir ni la dignité ni les bons effets.

Je me suis prévalu de la connaissance que j'ai acquise des intérêts respectifs de la Turquie, de l'Angleterre et de la Russie, non pas seulement par les leçons de l'histoire et de la politique de l'Europe; mais aussi par les notions plus positives que j'ai puisées sur les lieux mêmes où ces intérêts se trouvent en présence et en conflit, c'est-à-dire dans le Levant, à Constantinople, dans l'Inde, en Angleterre, en Allemagne et en Russie, pour en conclure les intentions secrètes de la coalition et pour préjuger les événements qui peuvent se développer et les conséquences finales qu'ils doivent produire. Si la France s'est isolée de l'alliance européenne, c'est qu'elle a compris que l'intérêt général, présenté comme la règle de sa conduite et comme le but de ses efforts, n'était qu'un prétexte pour couvrir les intérêts particuliers à chacun des coalisés, et qu'elle n'a pas voulu servir d'instrument à leur ambition. C'est un grand événement que cette séparation des quatre grandes puissances auxquelles la France a dû tous les désastres qu'elle a éprouvés, tous les outrages qu'elle a reçus! elle n'aura plus à subir l'arrêt despotique d'une majorité malveillante, dans la décision de ses propres affaires, et il lui sera du moins permis de les régler elle-même sous l'inspiration légitime de l'équité et selon l'appréciation intelligente de ses véritables intérêts. Elle aura appris à discerner les alliés qu'elle doit se choisir, ceux que des intérêts semblables doivent réunir dans des sentiments de bienveillance réciproque, ceux qui n'ont à débattre aucune prétention opposée, qui n'ont à redouter aucune des jalousies de la concurrence commerciale et industrielle, qui ont pour amis ses amis, pour ennemis ses ennemis; qui sont assez sincères pour servir utilement ses projets d'avenir, et assez puissants pour concourir efficacement à la défense commune.

Fidèle aux opinions de toute ma vie, je les reproduis, aujourd'hui, comme je les ai présentées sous l'Empire et sous la Restauration, comme je les ai défendues à la tribune de la Chambre, dans la circonstance la plus favorable à leur application. Mais alors, on était plus préoccupé des embarras du jour que des besoins du lendemain. Il fallait reconstruire l'édifice social, fonder la base d'un trône nouveau, élever une dynastie nouvelle. J'avais cru que son origine recevrait plus d'éclat et deviendrait plus chère à la France, si elle lui fournissait l'occasion de reconquérir le rang qu'elle avait perdu, parce qu'elle se serait liée et identifiée à tous les souvenirs de la gloire nationale. On a pensé qu'il valait mieux la garantir des orages, et le respect des traités a servi de justification aux conseils de la timidité. Les faits, toutefois, sont venus justifier les prévisions de la sagesse, dix années de paix se sont ajoutées aux quinze premières années de la Restauration. Elles ont enrichi le pays, elles ont consolidé la dynastie. Jouissons de ce double bienfait, mais n'oublions jamais que l'Europe ne nous a pas pardonné nos vingt ans de triomphes, qu'elle n'a pour nous que les sentiments de 1815, et que la seule puissance qui, au jour de nos malheurs, a témoigné à la France un intérêt réel et une bienveillance instinctive, celle à laquelle elle doit, peut-être, la conservation de sa nationalité et de son intégrité territoriale, est précisément cette même Russie que je lui signale comme son alliée naturelle et la plus rationnelle, malgré la coalition dans laquelle ses intérêts les plus puissants, ses projets les plus sérieux, son avenir enfin et sa destinée tout entière viennent de l'engager. Si nous n'avons pu ni la prévenir ni l'empêcher, si nous ne sommes point appelés à prendre une part directe aux avantages qu'elle peut réaliser pour nos voisins, c'est à nous à trouver les compensations qui doivent les racheter. Nous en avons le courage et la puissance.

J'ai parlé avec sincérité. J'ai donné pour vrai ce que j'ai cru tel, comme j'ai toujours fait, non pas en vue des intérêts de tel ou tel ministère, mais uniquement en vue des intérêts du pays; ce qui ne m'a pas très-bien réussi.

2 septembre 1840.

Baron de RICHEMONT.

www.ingramcontent.com/pod-product-compliance
Ingram Content Group UK Ltd.
Pitfield, Milton Keynes, MK11 3LW, UK
UKHW020311220726
13923UKWH00003B/1092

9 782329 008042